MARÍA MAGDALENA

Una mujer que demostró su gratitud

Por Marlee Alex

Ilustrado por José Pérez Montero

María Magdalena
Una mujer que demostró su gratitud
Escrito por Marlee Alex
Ilustrado por José Pérez Montero
Diseño gráfico por Nils V. Glistrup

Drejervej 15, 3er piso, DK 2400 Copenhague NV, Dinamarca
E-Mail: info@sph.as Web: www.sph.as

Concebido, diseñado y producido por Scandinavia Publishing House

Impreso en China
ISBN 9788771326192

MARÍA MAGDALENA

Una mujer que demostró su gratitud

Por Marlee Alex

Ilustrado por José Pérez Montero

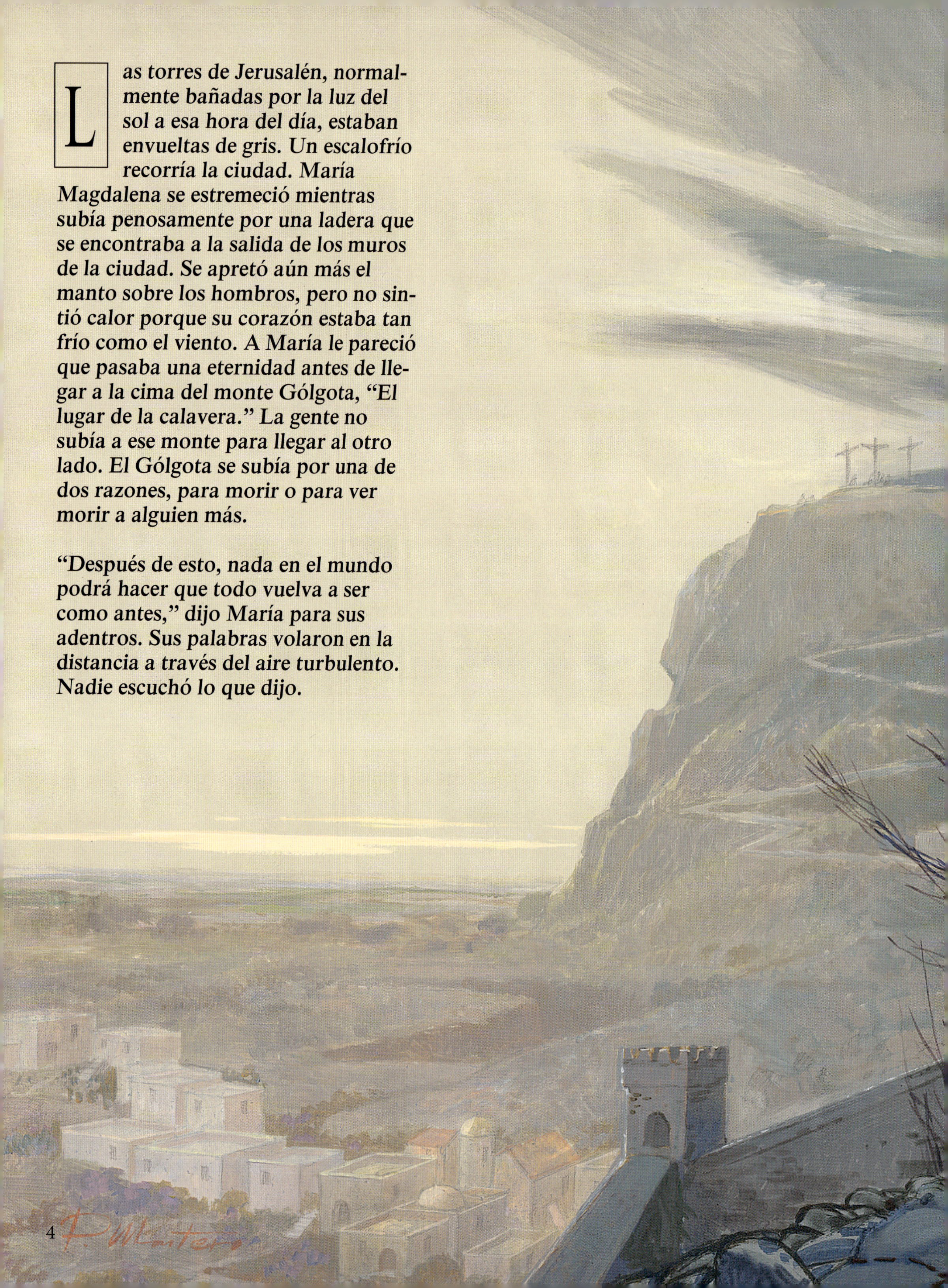

Las torres de Jerusalén, normalmente bañadas por la luz del sol a esa hora del día, estaban envueltas de gris. Un escalofrío recorría la ciudad. María Magdalena se estremeció mientras subía penosamente por una ladera que se encontraba a la salida de los muros de la ciudad. Se apretó aún más el manto sobre los hombros, pero no sintió calor porque su corazón estaba tan frío como el viento. A María le pareció que pasaba una eternidad antes de llegar a la cima del monte Gólgota, "El lugar de la calavera." La gente no subía a ese monte para llegar al otro lado. El Gólgota se subía por una de dos razones, para morir o para ver morir a alguien más.

"Después de esto, nada en el mundo podrá hacer que todo vuelva a ser como antes," dijo María para sus adentros. Sus palabras volaron en la distancia a través del aire turbulento. Nadie escuchó lo que dijo.

JESUS NAZARE
REX
IUDAEORUM

Algunas otras mujeres estaban muy juntas de pie sobre la colina. Cuando llegó a estar con ellas, María Magdalena sintió el corazón destrozado y comenzó a llorar. Una segunda mujer, también de nombre María, estaba parada cerca de ella. Pero, a pesar del terrible sufrimiento, los dulces ojos de esta mujer revelaban la aceptación de lo que había atestiguado. Otra dos mujeres se abrazaban buscando consuelo. Pero María Magdalena no podía hallar consuelo para sí.

Los soldados romanos que rondaban el lugar no sentían ninguna simpatía hacia esas mujeres. "Deberíamos echar a estas mujeres por la fuerza," dijo uno de ellos. Otro soldado rio en respuesta, "Nadie debería tener permiso de llorar la muerte de este rey judío farsante."

El cielo se oscureció más y gotas de lluvia empezaron a salpicar la escasa hierba. María Magdalena levantó la mirada hacia la tosca cruz de madera que se erguía entre otras dos cruces en la cima del Gólgota. La cruz era el medio por el que los romanos daban muerte a los criminales. María observaba cómo la Persona que amaba más que a nadie en el mundo, un Hombre llamado Jesús, moría colgando de esa cruz central. Sufría un dolor tremendo. Su pecho se agitaba mientras ella miraba. Le pareció como si Él estuviera tratando de recuperar Su aliento para poder hablar.

María Magdalena se acercó más al pie de la cruz de Jesús. Desde el día que lo conoció estuvo tan cerca de Él como le fue posible. Lo había seguido a todos lados, ayudando a sus discípulos en formas prácticas, escuchó Sus enseñanzas con atención, y observó milagro tras milagro a la vez que atendía a enfermos y desdichados. Ahora, mientras Jesús moría, María quería estar cerca de Él y escuchar cualquier palabra final que pudiera decir. Pero en su lugar, los oídos de María se llenaron con los sonidos de roncas risas y bromas vulgares que dirigían a Jesús los soldados romanos, los líderes judíos, y hasta uno de los ladrones que colgaba en una de las cruces junto a Él.

De pronto Jesús exclamó, pero no dirigiéndose a quienes esperaban impacientemente su muerte, sino hacia el mismo cielo, "Padre, perdona a esta gente porque no saben lo que hacen."

María Magdalena jadeó. Pensó, "¡Creo que no escuché bien lo que dijo! ¿O sí? ¿En verdad oí a Jesús pedir a Dios que perdone a estos hipócritas y asesinos? ¡No, Jesús! ¡Sólo has traído al mundo alivio y misericordia! Ellos son culpables." María quería gritar, "¡No! ¡Nunca! ¡Nunca los perdones por esto!"

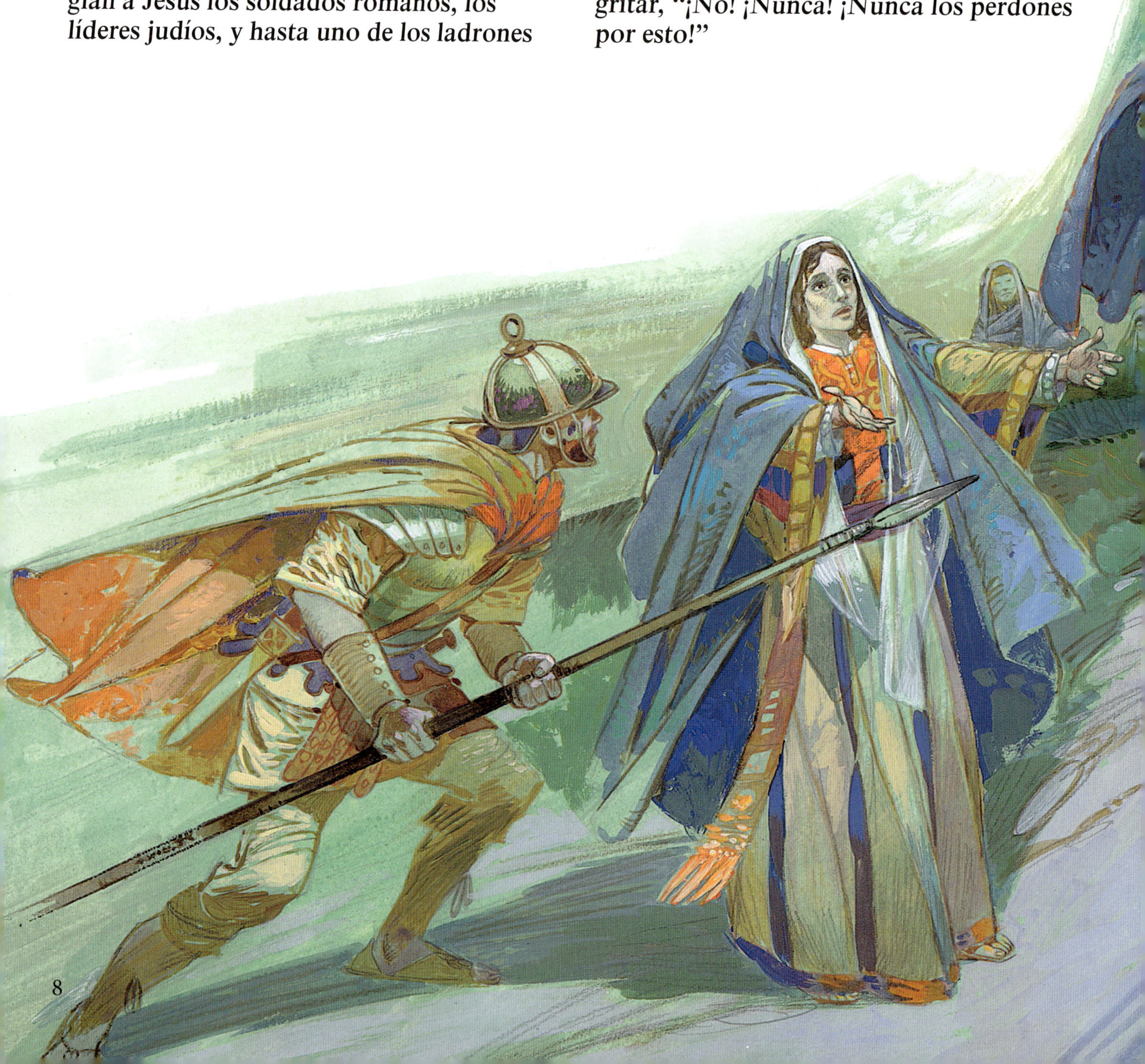

Antes de que María pudiera desahogarse esas palabras de amargura, su mente estaba llena de recuerdos. No hacía mucho que ella misma había recibido el perdón de Dios. En aquel momento le pareció tan increíble como Sus palabras lo eran ahora. Aún así, había sido una sensación maravillosa cuando Jesús la miró directamente a los ojos y le dijo, "¡Tus pecados están perdonados!"

Había pensado, "Ningún hombre se había atrevido a mirarme a los ojos jamás. Y ciertamente nadie me ha mirado nunca con una aceptación, misericordia, o amor como este."

Las únicas miradas que María Magdalena había atraído de los hombres fueron de lujuria; de otras mujeres sólo había recibido desprecio. Los niños usualmente la veían con miedo o curiosidad, mientras sus madres los apuraban a irse en la dirección opuesta o a atravesar la calle. María nunca tuvo una esperanza de tener una familia propia o disfrutar el tipo de vida que la mayoría de las personas dan por hecho.

P. Montero

Desde que tenía memoria había sido atormentada por un demonio y gobernada por sus malvados caprichos. Nadie en su pueblo natal de Magdala sabía cómo había empezado. María creció sin hogar, conocida por sus accesos de ira y por la forma en que se ganaba la vida vendiendo su cuerpo para complacer a los hombres.

De vez en cuando la gente en la calle le decía al pasar, "¡Por el amor de Dios, muchacha, recapacita y empieza a vivir decentemente!" Poco sabían ellos cuánto anhelaba hacer el bien en vez del mal. Hubo momentos en que trató de dominar al demonio que llevaba dentro y cambiar el rumbo de su pecaminoso estilo de vida, la única clase de vida que conocía.

En una de esas ocasiones María trató con todas sus fuerzas de expulsar al demonio de su alma y limpiar su vida. Durante un tiempo, sus esfuerzos funcionaron. Pero justo cuando parecía estar más cerca de convertirse en una persona respetable, el demonio volvió. Al encontrar su vida limpia, pero vacía, se mudó nuevamente a su antiguo hogar. Pero esta vez había traído consigo seis demonios más. Y estos seis eran peores que el primero.

Entonces la vida de María se volvió más miserable que nunca. Había días en que luchaba contra los demonios, pero siempre que la lucha se volvió muy feroz, ella había perdido completamente el control de su cuerpo y de su mente. Arrojada en esas ocasiones a un salvaje frenesí, María Magdalena se retorcía en el piso hasta que se le agotaban las fuerzas. Sucedió una y otra vez hasta que lo último que le quedaba de paz interior finalmente había sido destruido.

En Magdala había existido una anciana que se compadeció de María, pero no tenía idea de cómo ayudarla. Sin embargo, María sentía que al menos una cosa era cierta: nadie la amaría realmente jamás.

Entonces sucedió algo totalmente inesperado. Jesús de Nazaret se cruzó en su camino en Magdala. Al pasar junto a la distancia de un brazo de ella, los siete demonios comenzaron a gritar y luchar entre ellos, sacudiendo el cuerpo de María como nunca antes. La gente del pueblo que iba siguiendo a Jesús había aprendido a evitar a María e ignorarla. Y ese día ni siquiera Jesús pareció haberla visto. Había desaparecido en la multitud.

Finalmente se colapsó en la polvorienta calle. Para cuando se repuso, no había nadie alrededor. Las multitudes se habían disipado hacia otras calles y callejones. Jesús ya se había ido del pueblo. Pero María se había dado cuenta de inmediato de que había algo diferente; su cuerpo y su mente estaban en paz, ya no estaban acosados por espíritus malignos. La sola presencia de Jesús los había ahuyentado.

Ese día, María se levantó del suelo de la calle en Magdala preguntándose, "¿Qué pasó? ¿Puedo estar segura de que los demonios se han ido para siempre? Seguramente volverán si no lleno el vacío de mi alma con algo mejor." María sabía que tratar por sí misma de vivir una vida decente o "ser buena" no cambiaría las cosas. Así que le preguntó a todas las personas que conocía, "¿Quién era ese Hombre? ¿De dónde venía? ¿Cómo podía encontrarlo?"

Le respondieron, "Se llama Jesús. Es un profeta de Nazaret que afirma ser el Hijo de Dios." María sabía que los hombres santos la podrían apedrear hasta la muerte por la vida pecaminosa que tenía. Pero ese día tomó una decisión, "Prefiero enfrentar la muerte que el terror de que los demonios volvieran. Voy a hallar a ese Hombre y hablaré con Él."

Pasaron muchas semanas antes de que María escuchara las noticias, "Jesús ha regresado."

"Existe el rumor de que esta noche cenará en la casa de un líder judío," le dijo una anciana. "¡Vaya! ¡He ahí un cambio! ¡Normalmente come con los recaudadores de impuestos y los pecadores!" rio la mujer rencorosamente. Ni siquiera había reconocido a María como la joven mujer que hace tan poco tiempo era conocida como la peor pecadora del pueblo.

María siguió preguntándole a la gente hasta que encontró la casa donde Jesús iba a cenar. Una multitud empezó a reunirse alrededor de la puerta y las ventanas. María se abrió camino entre la gente y llegó a la entrada. "Preferiría morir a los pies de este Hombre que ser atormentada el resto de mi vida," murmuró.

Sin pensar, se abrió camino hasta la habitación donde Jesús se reclinaba en un diván junto a la mesa. Cuando estuvo en Su presencia, una oleada de esperanza y gratitud brotó dentro de ella.

María cayó sobre sus rodillas en un extremo del diván mientras sus lágrimas rodaban desde sus ojos hasta los pies descalzos de Jesús. Las lágrimas brillaban como diamantes. Sorpresivamente, Jesús no hizo ningún intento de alejarse de ella. María secó las lágrimas de los pies de Jesús con su largo y oscuro cabello, y comenzó a besar suavemente sus pies y tobillos. Tomando la pequeña botella blanca de mármol que siempre llevaba colgada a la correa alrededor de su cintura, María vertió las últimas gotas de perfume sobre Sus pies y los frotó con él.

Aunque a Jesús no se había avergonzado por lo que hizo María, Su anfitrión judío pensaba diferente. Se puso cada vez más pálido porque poco a poco se fue dando cuenta de que esta era la mujer bien conocida en Magdala por la vida perversa que llevaba. Estaba horrorizado. “Si Jesús realmente fue enviado por Dios,” pensó, “Él sabría que esta mujer es una pecadora. Nunca habría permitido que ella lo tocara en esta forma.”

Jesús interrumpió los pensamientos del hombre. “Cierto hombre le debía a un amigo 500 monedas,” dijo. “Otro hombre le debía 50 monedas al mismo amigo. Ninguno de los dos podía pagar el dinero que debían. Así que su amigo les dijo, ‘Bien, ninguno de ustedes tiene para pagarme. Sus deudas quedan perdonadas’.”

Jesús volteó hacia el líder judío. "Ahora, ¿cuál de estos dos hombres crees que amará más a su amigo?" preguntó. El líder judío respondió. "Bueno, el que debía más dinero porque tendría más por qué estar agradecido."

Jesús miró directamente a los ojos de Su anfitrión. "Tienes razón," murmuró. "¿Y has visto lo que esta mujer acaba de hacer? Cuando llegué a tu casa no me ofreciste una vasija con agua y una toalla para lavar Mis pies llenos de polvo. Pero ella los ha lavado con sus lágrimas y los ha secado con su pelo. No me saludaste con un beso en la mejilla, pero ella ha besado Mis pies y usó en ellos sus últimas gotas de ungüento."

"Esta mujer tiene el impulso de expresar su amor porque tiene mucho por qué estar agradecida. Pero en cuanto a quien piensa que puede estar bien por sí mismo o que no necesita el perdón de Dios, su amor por Mí será débil y frágil. Y no estará dispuesto a mostrar el menor indicio de gratitud."

El rostro del líder judío se ruborizó, pero Jesús se había vuelto hacia María y le dijo, "Mujer, tus pecados están perdonados. La fe que hoy has demostrado hacia Mí te ha salvado. Vete en paz."

Mientras María salía de la casa del líder judío escuchó que la gente murmuraba y se preguntaban, "¿Quién es este Hombre, Jesús, que piensa que tiene el derecho de perdonar pecados?"

María Magdalena estuvo al pie de la cruz en el Gólgota, donde estos recuerdos pasaban por su mente. El viento empezó a soplar con más fuerza. El día se hizo más oscuro y los pensamientos de María regresaron de golpe al presente. De pronto Jesús clamó por encima de ella, “Padre, en Tus manos encomiendo Mi Espíritu.” Entonces Su cuerpo se sacudió hacia delante, los clavos rasgaron la piel de Sus manos, y Él quedó inerte colgado de la cruz.

María estaba espantada. No parecía posible que Jesús pudiera estar muerto. Por primera vez se acercó a las otras mujeres que había en la cima de la colina. Cuando finalmente retiraron de la cruz el cuerpo de Jesús, siguieron a José, el hombre que lo llevó, hasta una tumba nueva que no estaba lejos. Las mujeres observaron mientras José envolvía el cuerpo de Jesús en una manta y lo acostaba en la tumba de piedra.

“Entonces es así como esto va a terminar,” murmuró una de las mujeres.

María la interrumpió, “Hace apenas unos días seguimos a Jesús desde Galilea y escuchamos los alegres gritos de los niños aquí en Jerusalén. ‘¡Hosanna! ¡Hosanna al rey, el hijo de David!’ gritaban.”

“Ahora los padres de esos mismos niños han ejecutado a nuestro Rey, Jesús, como si fuera un vulgar ladrón,” dijo una tercera mujer.

JESUS NAZAR
REX
IUDAEORUM
P. Montero

María miró con atención dentro de la oscura tumba y vio el cuerpo inerte y sin vida de Jesús tendido sobre la plancha de piedra. Su corazón no podía aceptar que no había nada más que hacer. "¿Qué hay de las especias o el aceite perfumado que debíamos envolver en su ropa?" preguntó. Casi se había puesto el sol en esa larga tarde de viernes, el inicio del Sabbat judío, un día en que los judíos deben parar todo para adorar a Dios.

"En este momento no hay tiempo para embalsamar Su cuerpo con especias," corrigió una de las otras mujeres. "Tendremos que esperar hasta el amanecer del domingo." Así que las mujeres volvieron a sus casas a esperar.

Esa noche y el día siguiente, el Sabbat, fueron muy largos para las acongojadas mujeres. Para María Magdalena fue especialmente difícil la espera. Por naturaleza ella tenía que expresar el amor que sentía. Y su amor por Jesús había sido ferviente. Nadie se había preocupado tanto por ella como Jesús lo había hecho. Nunca dejaría de serle fiel, ni siquiera en la muerte. Ella quería desesperadamente derramar sus últimas expresiones de gratitud.

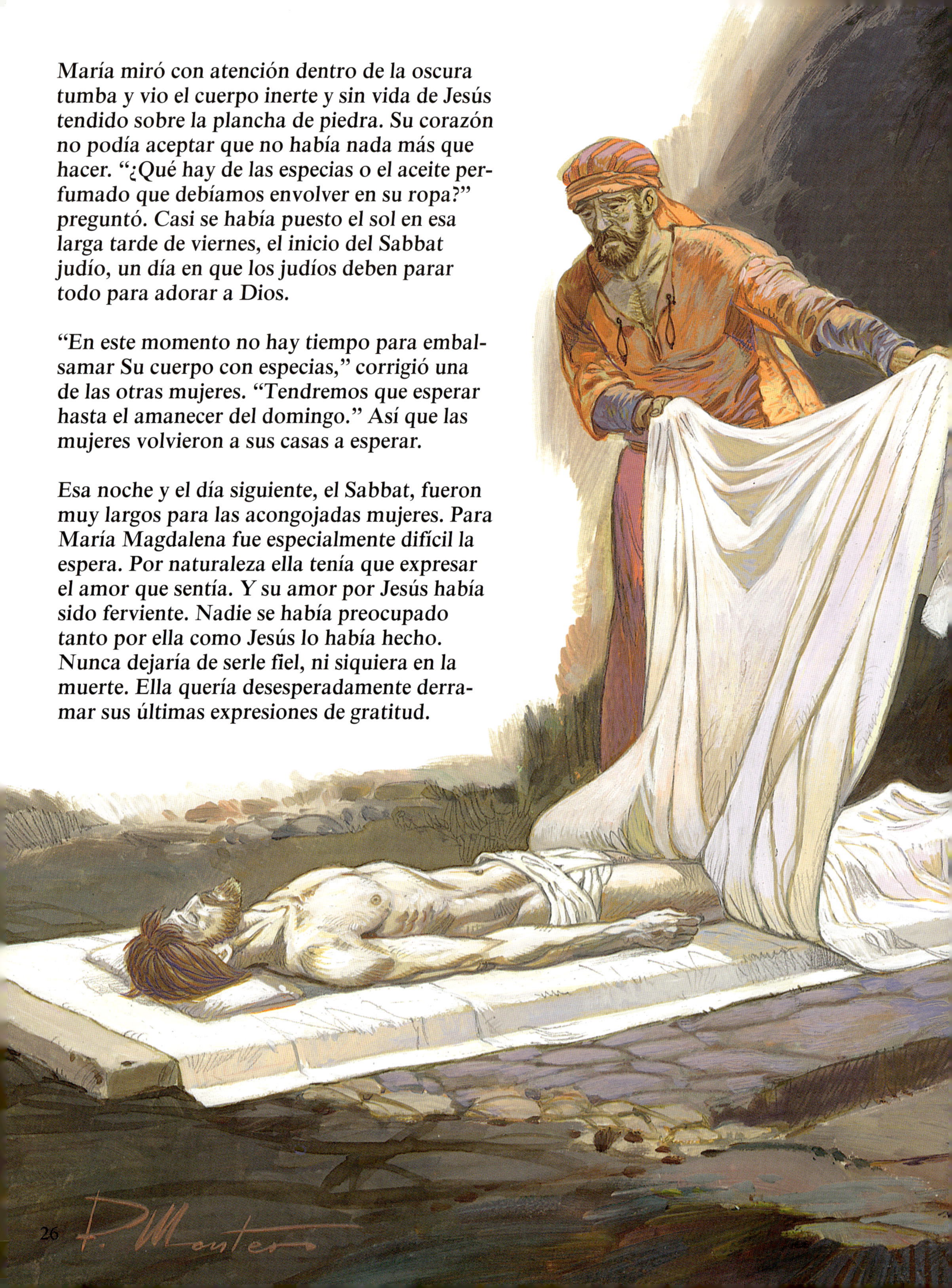

El domingo en la mañana, antes de que despertasen las otras mujeres, María se levantó en la oscuridad y recogió las especias y aceites que cuidadosamente preparó antes del atardecer del viernes. Con la luz del amanecer cercano caminó hasta la tumba en la ladera donde yacía el cuerpo de Jesús. En el camino se preguntó quién rodaría la piedra que cubría la entrada. "¿Cómo voy a entrar?"

Pero al llegar a la tumba, se sorprendió de ver que la enorme piedra ya había sido echada a un lado. Un ángel se hallaba sentado encima, aunque María no reconoció que fuera un mensajero de Dios. El ángel le dijo a Maria, "¿Por qué buscas en una tumba a un hombre que está vivo?" Sorprendida y confundida, María se inclinó y miró largamente el interior del lugar donde había visto que José tendía el cuerpo de Jesús. La tumba estaba vacía. "Alguien se ha llevado Su cuerpo," exclamó.

"¡Mira, Jesús no está aquí!" anunció el ángel. "¡Está vivo!"

María no creía ni entendía lo que estaba escuchando. Se volteó y regresó por donde había venido, tratando de encontrarle sentido a los eventos de los últimos tres días. Entonces notó que un Hombre se le aproximaba por el sendero. El sol empezaba a elevarse sobre los árboles más bajos que había detrás de Él. Los radiantes rayos del sol brillaron en sus ojos cuando dijo, "Usted debe ser el jardinero aquí. Señor, si usted se ha llevado el cuerpo de Jesús, por favor dígame dónde está. He venido a ungirlo con aceite y a dejar estas especias en Su ropa."

El hombre en la estrecha vereda se paró directamente frente al brillante sol. Su rostro estaba lleno de luz, Su expresión era pura como el mismo sol. "María," dijo. Esa voz sonó como música en los oídos de María. Era una voz conocida, porque nunca nadie había dicho su nombre en esa forma excepto por... ¡Jesús!

"Señor," exclamó María. Corrió hacia Él y cayó a Sus pies.

"Espera, María," interrumpió Jesús. "No me toques aún. Todavía no he ascendido al cielo con Mi Padre. Pero ve y di a Mis otros amigos que te encontraste conmigo. Di a los que me seguían que esperen en Jerusalén. Pronto los veré ahí." Entonces Jesús desapareció de la vista de María. Sus pies casi no tocaban el piso cuando corrió a buscar a los discípulos para decirles lo que había visto.

Como seguidora de Jesucristo, María Magdalena pudo constatar que las únicas personas a quienes Jesús no tenía poder de perdonar eran quienes creían que ya eran lo suficiente buenas o quienes eran demasiado orgullosos para reconocerlo como el Hijo de Dios. Cuando María expresó su fe en Jesús y recibió el perdón de Dios se sintió llena de un ferviente amor por Él.

María siempre alimentó el amor que sentía por Jesús con actos de gratitud y devoción. Fue la primera persona que lo vio después de que se levantó de entre los muertos. Llevó el mensaje de alegría a los amigos de Jesús y fue un ejemplo para todos los que desean llevar alegría al corazón del propio Jesús.

Puedes hallar la historia de María Magdalena en el Nuevo Testamento, en los evangelios de Marcos, capítulos 14 y 16; Lucas, capítulo 7, y Juan, capítulo 12.